I0408561

Impressum

© 2023 Corina Kudlik
Erstauflage Print / eBook, Juli 2014
Zweitauflage Oktober 2023
Umschlaggestaltung, Illustration: Corina Kudlik
Lektorat, Korrektorat: Corina Kudlik, BnC
Verlag: Eigenverlag, Huy
Printed in Germany
ISBN: 9798864092651

Schattenspiele
~die Phantasie erwacht in der Dunkelheit~

... ist unser ganzes Leben nur ein Spiel, in dem wir eine feste Rolle einnehmen? Ist all das, was wir tun nur in einer Matrix? Wählen wir unsere Position im Leben selbst aus und finden unser Glück in der Welt, gemeinsam mit den Menschen, die uns umgeben, mit denen wir zusammenleben, nach denen wir uns sehnen ... ist es möglich?

Die dunkle Seele, die im Schatten der Nacht zum Leben erwacht und die gelebt werden möchte ... Emotionen, Ängste und Gedanken, die tief in unserem Inneren schlummern ... die Nacht, die uns beflügelt und die das Zuhause unserer Träume ist, das spiegelt mein Gedichtband wider. In mondheller Nacht am Fenster stehend und in den Sternenhimmel blickend, verbindet sich die Realität mit einer anderen Dimension. Lust und Leidenschaft, Düsternis, Liebe und Sehnsucht, Begierde, aber auch Verzweiflung und Wut sind Gefühle, die in der Nacht überbordend werden ... die beflügeln oder die zerstören können.

... Vertrauen und Hingabe, Verlangen, gelebte und geträumte Phantasien ... die Tiefe der Seele und der Liebe, der Gier, der Sehnsucht und der Leidenschaft, der Verbundenheit in unbeschreiblichen Gefühlen ... all diese Emotionen erwachen, wenn die Sonne hinterm Horizont entschwindet und der Mond seinen hellen Schein über uns ausbreitet.

BnC - Corina

Inhalt

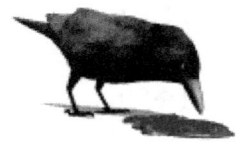

~ Tief in mir ~

Tief in mir herrscht Kälte, eisige Kälte.

Verletzt und enttäuscht, mein Seele gefickt,
die Flügel gebrochen, Gefühle im Keim erstickt.
Warum? Diese Frage stellt sich
immer und immer wieder.

Kälte in den Tiefen meiner Seele,
sie hält mich gefangen,
sie blockt jegliches Leben und selbst den Tod.
Sie verhindert Emotionen, das Gefühl von Liebe.
Leidenschaft zu empfinden, Hingabe zu zeigen,
Vertrauen und Liebe – ist es möglich – kann mich
jemand lieben?
Kann ich lieben?

Bin ich es wert oder bin ich es nicht?
Ich spüre innige Zuneigung –
darf ich sie zeigen, wird sie erwidert?
Ich spüre Leidenschaft –
darf ich sie ausleben, wird sie erwidert?
Ich spüre Hass, Hass auf die Vergangenheit –
versteht mich jemand?

Gibt es diesen einen Menschen, der den Hass in mir
einfriert, der meine Leidenschaft entflammt und der
mich liebt, weil ich so bin, wie ich bin – weil ich
einfach BIN?

Wird die Kälte jemals der Wärme der Liebe weichen,
wird er mir das Gefühl von Geborgenheit zeigen?
Bin ich liebenswert, lebe ich an der Schwelle zum
Extremen,verdammt zu ewiger Dunkelheit und Kälte?

Ich möchte vertrauen, lieben und geliebt werden,
ohne Kompromisse – leg ich mein Herz in seine
Hände, wärmst du es – zerstörst du es?
Einst war ich ein Engel, auf dem Weg ins Licht –
Wurde zu Boden gezerrt, bin an der Realität erstickt.

Ich sehe am Horizont ein warmes Licht –
wie Samt umschmeichelt es sein Gesicht.
Nur er kann mich retten, ich spüre es,
halte mich an seinem Lichtschein fest.

Ein dunkler Engel in Nebel gehüllt,
der mir meinen innigsten Wunsch erfüllt.
Er zeigt mir den Weg zu ihm im Traum,
ich folgte ihm und ich fand Vertrauen.

Spüre seine Wärme, seine Nähe, sein Leben –
das Eis schmilzt, er hat so viel zu geben.
Ein Stern blinkt hell und macht mich benommen,
ich fühle es, ich bin angekommen.

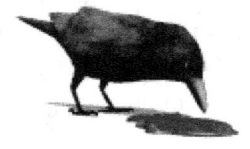

~ Ewigkeit ~

Wie tief ist ein Traum?
Wie endlos die Ewigkeit?
Wie dunkel ist die Nacht?
Wie endgültig der Tod?

Ich liege wach, mein Blick schweift in die Ferne.
Ich träume in der Dunkelheit, zähle die Sterne.
In ihnen sehe ich ein, nein, ich sehe sein Gesicht.
Sehe ihn vor mir und spüre seine Wärme,
will nach ihm greifen, doch erreiche ihn nicht.

Ich schließe die Augen sehe alles real,
er ist hier, er ist mir ganz nah.
Ich schau in den Himmel, spüre die Einsamkeit.
Fühle die Kälte der endlosen Weiten,
kann ihr nicht entfliehen – nicht in diesen Zeiten.

Öffne meine Augen, spüre ihn,
aber ich sehe ihn nicht.
Im Traum sind Wärme und Nähe real,
ein Gefühl von Geborgenheit immer da.

Seine Nähe gibt mir Kraft und alles Glück,
ich laufe nach vorn, schaue nie mehr zurück.
Ein leiser Wind durch die Blätter rauscht,
mir sanft ins Ohr seine Stimme haucht.

Jetzt weiß ich die Antwort auf meine Fragen,
er erscheint mir im Traum an allen Tagen.
Im Schlaf ist er bei mir jede Nacht,
er ist der, der meine tiefsten Träume bewacht.

Die Ewigkeit beginnt jetzt und hier,
wohin sie mich führt, bitte zeig es mir.
Die Nacht erfüllt mit dunklem Schleier,
ein Rabe vor meinem Fenster sitzt –
er schaut mich an mit seinen Augen,
in denen ein warmes Leuchten blitzt.

Der Tod ist vorbei, in mir Leben erwacht,
meine Seele erwärmt durch die Bilder der Nacht.
Die Dunkelheit wärmt und beruhigt mich,
dennoch genieße ich das Licht.

Eine Rose blüht in düsterer Nacht,
braucht aber die Sonne, damit sie zum Leben erwacht.

Ich bin diese Rose in seiner Hand,
Raum und Zeit weichen von mir,
er hat den düsteren Zauber gebannt.
Zerbrechlich und feinfühlig steh ich vor ihm,
was wird er tun, wo führt es uns hin?

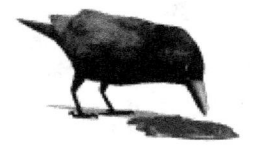

~ Fallen Angel ~

Seine Nähe, so fern von mir,
seine Wärme, ich spüre sie und doch
kann ich sie nicht einfangen.
Sein Gesicht – es erscheint mir jede Nacht
im Traum – doch öffne ich die Augen,
er ist nicht bei mir.

Gefesselt, bedeckt mit Rosen,
ein Hauch der Dunkelheit sich über mich bewegt.
Ist er es, den ich vor mir sehe,
oder ein Trugbild aus einer anderen Zeit?

Ich spüre unendliche Nähe,
zerfließe vor Gier nach dem Leben,
nach ihm.

Kann mich kaum zügeln, mich nicht bewegen,
bin ihm mit allen Fasern meiner Seele ergeben.

Küsse wie Feuer brennen auf meinem Gesicht,
ich sehe den Schein der Kerzen, dann beugt
er sich über mich.

In endloser Tiefe, in er Seele vereint – von den
Fesseln befreit,
blicke ich auf zu ihm.

Wärme durchströmt meinen Körper, mein Sein,
ich breite meine Flügel aus und hülle ihn ein,
nehme ihn mit in mein Reich,
ohne Licht, ohne Leid.

Wie endlos ist die Ewigkeit,
wie lang ist eine Liebe?

Es ist egal wenn wir den Augenblick leben,
in dem wir uns nur dem Verlangen hingeben.
Kein gestern, kein Morgen nur der Moment
zählt, wenn man die Seele erkennt.

Die Seele die eins ist mit dir selbst,
dein zweites Ich, dein gefallener Engel.
Er verströmt seine Wärme in mir,
das Gefühl der Erfüllung hab ich nur mit ihm,
breitet sich aus wie des Engels Flügel, leicht,
der fortan nicht von meiner Seite weicht.

Lass mich nie aufwachen aus diesem Traum,
nur durch dich kann er real werden … Vertrauen.
Sehne mich nach ihm, nach dem Blick seiner Augen,
die in jedem Moment den Verstand mir rauben.

Siehst du mich, fühlst du mich?
Warte nicht länger und finde mich.

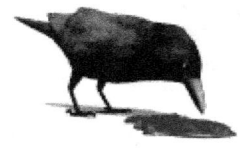

~ Signs from Hell ~

Auf der Suche nach einem Traum
wandel ich durch die Nacht.
Im Traum mir erschienen als fremde Macht,
umgeben von Nebel mit blutigem Hauch.
Der Nebel umwabert den Grabstein vor mir,
eine innere Stimme trieb mich hierher.

Bist du es, der mich gerufen hat,
der mir befahl in düsterer Nacht,
an diesen Ort zu kommen
um dich zu befreien?
Am Horizont flackert ein düsteres Licht,
seh einen Schatten, mehr erkenne ich nicht.
Bist du es, oh Meister, der mich rief?
An seidenem Seil es mich zu ihm zieht.
Du legst deinen Mantel um mich,
ein kalter Hauch weht herüber zu mir.
Ich spüre deinen heißen Atem an meinem Hals,
mein Blut pulsiert und ich weiß was du magst.
Ergeben liefere ich mich dir aus, du brauchst
es nur zu tun, keine Gegenwehr.

Sehnsüchtig erwarte ich den Kuss der Nacht,

der mich zu deinesgleichen macht.

Du machst es spannend, berührst mich überall.
Ich vergehe vor Lust, kann denken nur eins –
nimm mich mein Herr, gib mir die Kraft,
dich endlos zu spüren, bis wir fallen, geschafft,
hinab auf den Grabstein in wohliger Lust,
ich gehöre dir, auch wenn ich es habe nicht gewusst.

Gehorsam ergibst du dich meiner Leidenschaft, wir
verschmelzen zusammen im Taumel der Gier – ich
vergehe an dir und du an mir.
An deiner Seite will ich sein, jemand wie du,
ein Geschöpf der Nacht –
von Leidenschaft betäubt, mit endloser Macht.
Wir sind vereint, du bist tief in mir – trotzdem spüre
ich noch einen Hauch von Gier.
Der letzte Kuss der mich zu einem Geschöpf der
Nacht macht,
der dafür sorgt dass ich aus diesem Traum nie erwach.
Dein heißer Atem an meiner Kehle,
ein kurzer Schmerz so wohlig und zart –
erst körperlich vereint, nun tief in der Seele.

Ich bin du und du bist ich, von meinem Blut
getrunken du hast, ich tue das gleiche für dich.
Nie enden wird diese Nacht,
erfüllt sind wir beide von
leidenschaftlicher Macht,
pulsierendes Blut, miteinander vereint – das war was
ich suchte, nun bin ich befreit.
Bereit um an deiner Seite zu jagen, als Geschöpfe
der Nacht ist unsere Liebe erwacht.

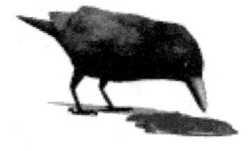

~ Unendlich ~

Weißes Laken, blutbefleckt,
Ein tiefer Blick, sein nackter Leib,
eine starke Magie die mich zu ihm treibt.
Ich knie vor ihm, meine Hände gebunden,
meine Zunge will seinen Körper erkunden.

Ein tiefer Stich, ein wohliger Schrei,
bitte höre nicht auf, ich bin dein1

Rote Striemen auf meinem Rücken,
erregt knie ich vor ihm und warte auf mehr,
sehne mich nach diesem Gefühl so sehr.

Befreie mich, erlöse mich von dieser Pein,
hör nicht auf, gib mir alles was dir beliebt …

Gierig sich seine Zunge in mich schiebt.
Ein leichter Hieb der mich beben lässt,
macht mich ihm hörig und alles verblasst
um mich herum in diesem Moment,
wo er mich nimmt so heftig und doch so zart,
wie es keiner außer ihm vermag.

Ich vertraue ihm, bei ihm kann ich schweben,
meine Brüste unter seinen Händen erbeben,
ein wohliger Schauer, er versprüht pure Lust.
Gemeinsam gespürt den Augenblick,
es gibt kein Entkommen und kein Zurück.

Soweit gegangen in endloser Gier,
nimm mich nochmal, ich gehöre nur dir.

Geschärfte Sinne in Unendlichkeit,
seine Gnade gespürt, die mich befreit.
Seine Härte erlebt, die mich willig macht,
in dieser und jeder weiteren Nacht.
Nie mehr möchte ich missen dieses Gefühl,
seine Art mich zu lieben gibt mir unendlich viel.

Erschöpft sinke ich auf den Boden nun,
er legt sich zu mir, lässt seinen Kopf auf meinem
Körper ruhen.
Streichelt mich zart und und schenkt mir einen Kuss,
bei dem ich ihn zärtlich berühren muss.

Flüstere leise Worte in sein Ohr,
tue ich das, oder kommt es mir nur so vor?
Mit sanfter Leidenschaft verwöhnt er mich,
in meinen glänzenden Augen sieht er sich.

Ein inniger Kuss, ein letztes Wort …
entschweben wir von diesem Ort.
Noch einen Augenblick er in mir verweilt,
bis sich der Himmel im Morgenrot teilt.

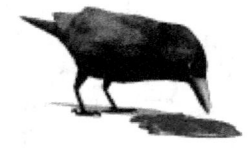

~ Eine Seele ~

Dein heißer Atem, ein kurzer Biss,
tief in die Dunkelheit tauchen wir ein,
auf einmal die Freiheit über uns kommt,
als Geschöpfe der Nacht sind wir nicht allein.
Schwingen ausgebreitet, vom Nebel verborgen,
vergessen wir alles um uns, denken nicht an morgen.

Zusammen haben wir endlose Macht.
Mein Blut du getrunken, ich bin wie du –
schließe die Augen und lausche zu,
den dunklen Stimmen, die ich nun kann hören,
die innige Liebe und Treue schwören.
Alle Sinne geschärft gehen wir auf die Jagd,
tiefe Verbundenheit führt uns bis zum Tag.

Warum hast du mich ausgewählt?
Ist es meine Seele, die für dich zählt?

Ich fühle mich frei, habe den Sinn gefunden –
bin mit der Nachtstille und mit dir tief verbunden.
Die leise Stimme die mich führte zu dir,
erklingt wie ein Lied ganz tief in mir.

Unser Weg ist noch weit, die Unendlichkeit siegt,
die uns zusammen durch den Nebel zieht.
Im Blute vereint spüre ich deine Macht,
wie du meine Ängste in jener Nacht.

Herr der Finsternis, wir sind unendlich,
erfüllt von Macht und Gier – im Jenseits
und im Jetzt und Hier.
Alles was zählt ist der Moment,
der tief in meiner Seele brennt.

Es gibt kein Morgen, kein Gestern.
Wir sind gefallene Engel,
wir lieben die Nacht –
sie hat uns verliehen gemeinsame Macht,
zu fliegen, zu lieben, unendlich zu sein,
im Blute vereint – nie allein.

Bist du nicht bei mir, spüre ich den Kuss der Nacht,
ergebe mich, dem Tagtraum der mich gefangen hält,
ich frage: Warum du hast mich gewählt?

Hast getrunken von meinem Lebenssaft,
mir verliehen unendliche Kraft.
Die Unendlichkeit ist heute und jetzt,
die Ewigkeit nicht in die Zukunft versetzt.

Als Geschöpfe der Nacht entschweben wir,
ich fühle dich … in meiner Seele, nah in mir.

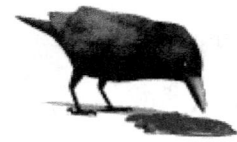

~ Seelenverwandt ~

Die Zeit verstreicht,
Gedanken die deinen Namen tragen,
begleiten mich durch die Nacht
und an allen Tagen.
Vernebelt mein Blick,
verschleiert mein Denken.
Du bist bei mir,
dein Bild tief in meinem Geist.
Ich bin nicht allein,
du bist hier.
Ich spüre deine Nähe,
höre deine Worte und
sehe dich vor mir.

Von wohliger Unruhe erfüllt,
in den Schleier der Nacht gehüllt,
warte ich auf den nächsten Tag,
kann nicht schlafen,
Gedanken kreisen,
Gefühle von Vertrautheit
mich ständig begleiten.
Ich spüre dich als wärst du bei mir,

ich wache auf,
wohlige Gedanken des Glückes in mir,
Gedanken an dich.

Ein düsterer Tag, wolkenverhangen,
doch deine Wärme gibt mir die Kraft,
Geborgenheit, Nähe, eine finstere Macht
ich spüre sie,
weil ich dich vor mir sehe.
In Gedanken vereint,
den Sinn gefunden,
fühle ich mich mit dir
seelisch verbunden.

Die Nähe der Weite, die Dunkelheit im Licht,
all das berührt mich,
all das fühle ich.
Dein Blick tief in meine Seele dringt,
mein Körper mit seiner Fassung ringt.

Jedes Wort wie Engelsgesang,
lausche in der Stille diesem Klang.
Leise Musik mich einhüllt in die Nacht,
geweint, getrauert, geliebt, gelacht.

Du bist bei mir,
zu jeder Zeit,
auch wenn du in der Ferne verweilst.
Der Nachtwind hat deinen Namen genannt,
hat mich in seiner Aura gebannt.
Seelenverwandt.

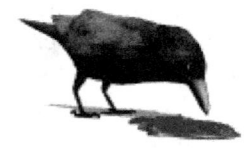

~ Liebesbeichte ~

Ein tiefer Blick, sein Atem auf meiner Haut.
Seine Lippen die über meinen Körper gleiten.
Endlose Vertrautheit, Hitze tief in mir drin,
meinen Körper erhebe ich gierig zu ihm hin.

Er gleitet tief in mich, berührt meine Seele.
Rasenden Herzens umschlinge ich ihn,
wir sind eins und ich fühle mich
endlos frei und schwerelos.
Wehrlos gebe ich mich ihm hin,
seine Wärme strömt in mich und öffnet meinen Sinn,
den Sinn meines Daseins in irdischer Welt,
in der für mich nur seine Liebe zählt.

Ich hab ihn gerufen,
sein Herz mich erhört,
in endloser Liebe hat er meine Trauer zerstört.
Die düstere Seele in mir erwacht –
wenn ich ihm gehöre in jener Sternennacht.
Er erweckt mein Feuer, bringt mich zum brennen,
fesselt mich sanft und ich bin von Sinnen.

Ergeben seh ich ihn an, flehe um mehr –
erbebe unter seinen Händen, unter seiner Kraft,
die mich tief im Innern erfasst,
die meine Seele öffnet, die meine Sinne weitet.

Gibt mir seine Hitze, seinen Saft,
ich öffne mich für ihn und geb ihm die Kraft,
die tief in meinem Inneren brennt –
mit ihm vereint,
Körper an Körper, ein Feuerschwall,
flüsternde Stimmen überall,
die uns einhüllen und die uns benommen machen.

Im Lustrausch versunken, von Gier
betrunken, entfesselt bedingungslos –
ein Meer der Emotionen.

Beiß mich im letzten Augenblick,
von Trance benommen gleiten wir zurück …
es gibt nur diesen Moment, diesen Augenblick.
Halt mich fest, lass mich bitte nicht los …
bittersüße Lust, woher kommt sie bloß?

Ein kurzer Augenblick und ich spür,
er dringt tief in meine Seele, er öffnet diese Tür.
Meine Lust, die Begierde gehört ihm allein,
mein Herz, mein Gefühl sind unendlich sein.
Diesem Moment folgt ein inniger Kuss,
der in mir erweckt sehr sinnliche Lust.

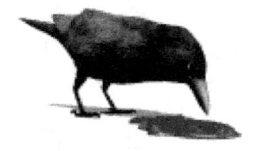

~ Nachthauch ~

Ein Nebelhauch so weich und zart,
wie ein Kuss von ihm.
Im Nacken ich ihn spüre,
ein wohliger Schauer mir über den Rücken gleitet.

Ich weiß nicht wo ich bin,
aber ich spüre Bäume, Blätter, Gräser,
sie flüstern im Wind, sie flüstern seinen Namen.
Ich horche auf und höre seine Stimme,
leise ruft sie mich zu sich.

Ich höre seinen Herzschlag,
spüre deinen Puls und mein Blut beginnt zu rasen.

Oh Herr der Nacht, mein schwarzer Engel,
bist du in meiner Nähe -
zeige dich!

Ich finde mich wieder in seinen Armen,
seinen heißen Atem auf meinem Körper,
ein wohliger Hauch auf meinem Rücken.

Er flüstert meinen Namen.

Mein Herz schlägt wie wild, mein Puls rast
als er mich an sich reißt,
als ich seine Zunge überall auf meinem Körper spüre,
ein leichtes Beißen,
kräftige Stöße und ich vergehe vor Lust.

Tief in mir strömt Wärme, brennende Glut,
in dem Moment er seinen Lebenssaft in mir vergießt,
wir sind eins - ein Beben durchflutet unsere Körper.

Umschlungen ergeben wir uns der Leidenschaft,
sie reißt uns mit brachialer Gewalt an sich,
ein bittersüßes Gefühl, die Gier in unseren Augen
leuchtet heller als der der schönste Stern,
sie brennt heißer als Feuer.

Wir sind Engel der Nacht, wir breiten unsere
Schwingen aus
und fliegen über den Horizont hinaus.
Noch in 1000 Jahren will ich bei ihm sein,
ihn spüren, ihn verführen, in von der Angst befreien.

Ich bin sein Beschützer, sein Engel der Nacht
er hat mich befreit und nun über ihn wacht
auf ewig meine Herz, meine Seele und Liebe.

Vereint in unseren Körpern und im Geist,
die Emotion uns mit sich reißt.
Es gibt keinen Weg zurück,
nur dieses Gefühl und unser Glück.

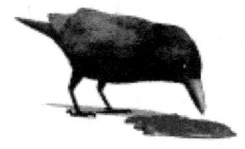

~ Ewige Liebe ~

Ich schwebe durch die Nacht, schaue hinunter.
Ich sehe Menschen, viele Menschen.
Menschen die Liebe ausstrahlen,
Menschen die Hass und Wut ausstrahlen,
Menschen die ich nicht kenne,
Menschen die ein Leben verändern.

Dann sehe ich ihn.
Er ist der Mensch der mein Herz wieder schlagen
lässt, der mir die Hand reicht,
der mich aus der Dunkelheit zieht.

Seine Nähe, seine Wärme, seine Liebe und
Geborgenheit … seine Aura, die so unendlich warm
und anziehend ist.

All dies ist unbeschreiblich, wunderschön.
Unendlich für meine Seele, für mein Herz.
Mein Herz welches sich endlos nach ihm verzehrt,
welches sich so stark nach ihm sehnt.

Meine Gefühle, meine Seele … ich schwebe.

Schwebe in eine andere Welt, ein fernes Universum.

Ein Universum, in dem es die Liebe gibt,
die Liebe die so unendlich wichtig ist.
Seine Liebe die so wichtig ist ...

Für meine Seele, für mein Leben, welches ohne ihn
nur halb so schön ist.
Ich sehe ihn an und spüre, das ich nie glücklicher war
als jetzt.

Ich fühle es beim tiefen Blick in seine Augen, bei
jeder zarten Berührung seiner Hände, bei jedem Kuss.
Ich bin glücklich wenn ich ihn lächeln sehe.
Ich bin glücklich wenn er glücklich ist.
Ich bin glücklich weil wir zusammen sind und weil er
mich wertschätzt.

Weil er weiß, was meine Seele braucht und weil ich
ihn fühle … auch wenn er weit, weit weg ist.
In ihm habe ich sie gefunden, die Liebe die weit über
die körperliche Leidenschaft hinaus reicht.

Brainfuck.

Die Berührung meiner Seele, die Berührung die mich
nie wieder loslässt.

Eine so starke Emotion, dass es in keiner Sprache ein
Wort dafür gibt, dass dieses Gefühl beschreibt.
Ein Gefühl, das mich wärmt und dass mich treibt.
Eine Verbundenheit, die so unbeschreiblich ist, dass
sie gleichzeitig schmerzt und mich stärkt.

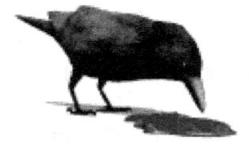

~ Für dich ~

Ich bin in einer Welt gefangen,
ohne Licht und Zeit.
Es gibt weder Tag noch Nacht,
weder den Morgen noch den Abend.
Keine Sonne, keinen Mond, keine Sterne.

Grau in Grau ziehen die Nebelschwaden
über mich, lassen nicht zu, dass ich
die Sterne, den Mond und die Sonne sehe.
Ich spüre nur ihn, den tiefen und nicht enden
wollenden Schmerz ganz tief in meiner Seele.

Ein Brennen wie Feuer im Herzen,
Trauer im Blick und eine endlose Leere
bestimmen mein Leben.
Leben?

Das Leben, das ich lebe, zeigt mir der Schmerz,
ohne ihn bin ich ohne jegliches Gefühl.
Lässt er nach, spüre ich, dass ich
ihn brennen lassen muss,
dass ich handeln muss, um ihn zu fühlen.

Kalte Klinge in weicher Haut -
ein wohliges Gefühl,
ein kurzer Schauer von Glück -
durchzogen vom warmen Blut,
laufend über meinen Körper.

Ja ich bin hier, ich lebe,
der Schmerz zeigt mir, dass ich lebe.
Ich suche nach dem Licht, nach Liebe,
nach diesem besonderen Gefühl und nach Wärme.
Nach einem Leben außerhalb der Kälte,
des ewigen Zwielichts.
Es ist weit entfernt, schier unerreichbar.

Ich treffe ihn - das Zwielicht verfliegt.
Ich spüre eine grenzenlose Wärme,
ein Gefühl von Glück, Liebe und
Sonne in meinem Herzen.
Das Gefühl ist so stark,
das ich wieder Schmerzen fühle -
Schmerzen die stetig da sind,
schöne Schmerzen - unbändige Gier
und den bittersüßen Schmerz
der unendlichen Sehnsucht.

Ich brauche keine kalte Klinge,

um den Schmerz am Leben zu halten,
er ist in mir, geprägt von meiner
innigen, bedingungslosen Liebe zu ihm.
Geprägt von den Stunden in denen

ich ihn vermisse, aufgefressen von Sehnsucht.

Der Schmerz verfliegt wenn er mich
in seine Arme schließt, mich küsst und berührt,
wenn ich seine Stimme höre.

Ein Blick in seine wundervollen Augen -
jeglicher Schmerz weht mit dem Wind davon.
Ich halte ihn, liebe ihn und ich spüre ihn ...
in voller Intensität.
Ich bin glücklich, ich lebe, ich liebe!

Mein dunkles Gewand liegt auf dem Boden,
brauche es nicht mehr ... habe es abgelegt.
Die Schatten der Nacht, früher eiskalt und böse,
strecken mir ihre warmen Hände entgegen.

Vertrauen. Freude. Lebenskraft.

Ein Blick in den sternenklaren Himmel zeigt ihn mir.
Der Vollmond erzählt mir von ihm.
Der Wind flüstert seinen Namen,
lässt mich seine Hände auf meiner Haut fühlen.

Zitternd, neugierig, erregt.

Irgendwo in diesem Universum ist er,
er, der die gleiche Sehnsucht nach mir spürt wie ich
nach ihm.
Er, der auf der Suche ist und der mich finden wird.
Er, der mein verschränktes Teilchen ist.

Ich fühle es – ich fühle ihn.

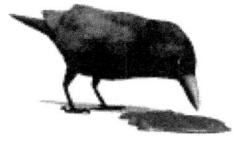

~ Bestrafe mich ~

Ein tiefer Schmerz in meinen Adern,
das Blut gefriert, sowohl es brennt.
Bemächtigt hast du dich meinem Körper,
meiner Seele und meinem Leben.
Ich knie vor dir, spüre dein Pulsieren,
in tiefer Gier die du versprichst,
senk ich den Kopf, erwarte Gnade,
wie nur du sie mir vergönnst.
Mein Meister, will an dir verbrennen,
schenk mir den Saft der Herrlichkeit,
ich will dir dafür alles geben,
nur deine Gnade mich vom Schmerz befreit.
Endlos dringst du ein in meine Seele,
in meines Körpers tiefste Stelle,
halt mich an dir und genieße

des wohligen Schmerzes Feuerwelle.
In Trance, von Gier und Lust getrieben
gehorche ich nur deiner Macht,
gib mir die Peitsche bis du spürst,
das auch Engel das Feuer lieben.
Verteil dich in mir,

ich bin dir ergeben.
Nur deines Schwertes Zauberkraft,
in mir die Gier zu besiegen schafft.
Dein Feuer scheint mich zu verbrennen,
ich stöhne auf und schau zu dir,
seh ein Blitzen in deinen Augen,
spür deine Energie tief in mir.
Will eins sein mit dir - dir ganz gehören,
wenn es das bedarf, dann töte mich,
wenn du mein Blut trinkst wirst du spüren,
was ich fühle in alle Ewigkeit für dich.

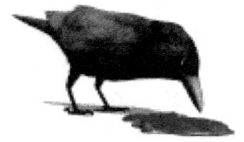

~ Verlangen ~

Engelsgleiche Nähe,
sein Anblick in der Vollmondnacht.
Totengleiche Stille,
bis seine Gier in ihm erwacht.
Komme ihm näher,
sein lüsterner Blick ruht auf mir.
Versinke in ihm,
will stillen meine Gier.
Ich atme sein Verlangen,

Berühre sanft das Schwert,

Nehme den Moment in mir auf,
spüre wie sehr er mich begehrt.

Betäubt sind meine Sinne,
ohne Führung ist mein Tun,
Getrieben von gierigem Verlangen,
kann ich nicht länger ruhen.
Berühre seine Lippen,
ein zarter Biss, ganz weich,
will endlos mit ihm schweben,
bis ins düstere Schattenreich.

Sein Schwert in mir, ein tiefer Stich taxiert,
ich werde ihm gehören, so sehr er mich begehrt.
Er raubt mir alle Sinne, wählt mich für seine Gier,
Sein Verlangen brennt wie das Feuer tief in mir.

Jetzt ist er mir ergeben, pulsierend jetzt und hier.
Ich fühle nun das Leben, was er geschenkt hat mir.
Halt mich und verführ mich, in jeder Mondesnacht,
ich will nur ihm gehören, bis das der Tag erwacht.
Gemeinsam fliegen, leiden gemeinsam brennen
fühlen, gewähre mir die Gnade,
der Sterne Funken sprühen.

Streichel mich mit heißen Kerzen,
lass den Wachs über meinen Körper laufen,
still meine Gier,
lass mich leiden und leben
für immer bin ich ihm ergeben.

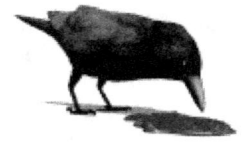

~ Vollmond ~

Eine dünne Spur tiefrotem Blutes,
roter Wein, über meine Lippen laufend.
Klirrende Ketten, seine Hand an meiner Kehle,
tiefe Sehnsucht, im Bann der Nacht.

Oh Herr erlöse mich,
Kuss der Nacht, Kerzenschein,
heißer Wachs.

Gehöre ihm, vergeh vor Lust.
Heißer Atem auf meiner Haut.

Wollust, Gier, Ekstase.
Klirrende Ketten, festgezogen,
Der Kuss sei mein, gierig.
Mondlicht, Nebel, seine Augen,

Spiegel der Seele, Leidenschaft im Blick.

Vernehme leise Worte,
es gibt kein Zurück.
Ein tiefer Stich lässt mich erbeben,

kann mich nicht wehren,
werd mich ergeben,
leidenschaftlich, gierig.

Mein Meister, zeig mir deine Macht,
Ich spür deine Härte, erstarre vor Lust.
Wie ein Vulkan strömt er in mich.
Leidenschaftlich, sehnsuchtsvoll.

Ihn zu fühlen, ihm zu gehören ...
unbeweglich die Lust zu spüren.
Spiegelndes Mondlicht in seinen Augen,
alle Sinne wird er mir rauben.

Ich fühle ihn, doch seh ich nicht,
Ein nebliger Schleier über meinem Gesicht.
Sinke zu Boden, gierig, betäubt.
Lustvoll stöhnend, endlos ergeben.

Befrei mich nicht,
Zeig mir die Welt, die die deine ist.
Werde dir folgen, spür deine Nähe,
Liege ganz ruhig,
spüre wie ich vor Sehnsucht erbebe.

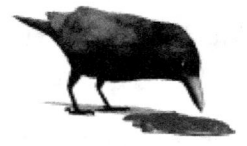

~ Fesselnd ~

Mein Leib pulsiert unter deinen Händen,
wenn du legst dein Feuer in mir.
Bin unfähig mich zu wenden,
taxiert, schutzlos ausgeliefert dir.
An meinem Hals dein rascher Atem,
gierig berühren mich deine Lippen,
erlöse mich, kann nicht länger warten.

Zerreiß mir die Venen mein Vampir.
Für dich, mein Herr, will ich verbluten,
will für dich sterben und vergehen.
Genieße den Schmerz dieser Minuten,
werd nicht mehr wieder auferstehen.
So sei es, schenkst mir neue Kraft,
die mich zu deinesgleichen macht.

Oh Herr trink meinen Lebenssaft,
narbe mich mit deinem Zeichen.
Was dann geschieht ist dein Entscheid,
ich flehe, dass du deine Sehnsucht stillst.
Unterwerf mich dir, jetzt beiße zu,
Gehör dir allein, was du willst, das tu.

Bin dir ergeben,
unterwürfig neige ich meinen Hals -
biete dir meine Kehle an.
Mein Herr und Meister, beiße mich.
Bitte lege mich in Ketten,
verbrenne mich mit heißem Eisen,
gib mir die Peitsche,
lass mich leiden - oh süßer Schmerz
wie sehne ich dich herbei.

Warmes Blut auf meinem Körper,
mischt sich mit deinem Liebessaft.
Ekstatisch brennend meine Wunden,
unsere Gier durchbricht die Stille der Nacht.

Von oben schaue ich auf die Welt,
mein Antlitz ist vom Mondschein erhellt.
Sehe mich liegen, tief unter mir …
sehe nur mich, keine Spur von dir.

Sinke hinab, stehe über mir …
die kleine Bissspur am Hals, ein Zeichen von dir.

Ist es geschehen … war es ein Traum?
Traue meinen Augen kaum,
als ich dich seh in der Dunkelheit,
laufe auf ich dich zu – jetzt ist unsere Zeit.

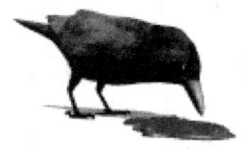

~ Control me ~

Ein tiefer Blick in eure Augen,
Gefesselt, gefangen, haltlos.
Sehe Liebe und Gier,
spüre eure Hände auf meinem Körper,
ohne dass ihr mich berührt.

Ihr beugt euch über mich,
bin gefesselt, wehrlos.
Eure Zunge streicht über meine Lippen,
eure Finger greifen nach meiner Seele,
intensiv, leidenschaftlich.

Feuer im Herzen,
brennende Lippen, elektrisch.
Ihr küsst das Blut von meinem Mund,
löscht das Feuer, dass ihr entfacht,
heftig, fühlbar.

Rote Striemen auf weißer Haut,
ein weiterer Schlag, ekstatisch.
Ihr leckt meine Wunden,
bestraft mich …

Nehmt mich mit aller Kraft,
heftig, erbarmungslos, hart.
Versprüht euren Saft in mir,
heiß, brennend, ich brauche euch,
lasst mich nicht warten, jetzt nicht mehr.

Schnürt mir die Kehle zu,
raubt mir die Sinne, innig vereint.
Macht mich benommen,
beherrscht meinen Körper, mein Hirn,
gnadenlos, emotionsgeladen.

Ich brenne, verglühe in euren Augen,
bebe, bin in Trance, ergeben.
Nehmt den Schmerz von mir,
bin bereit, taxiert, in anderen Welten,
mit euch gemeinsam, schwerelos.

Heiße Lava, heißer Wachs,
auf wunder Haut, glühend.
Ich liebe euch dafür, krieg nicht genug,
schenke euch meinen Körper,
meine Seele - mein Vertrauen.

Ihr kniet vor mir,
Doch bin ich es, die sich vor euch verneigt.
In Ehrfurcht vor euch,
eurer Liebe und Gnade,
eurem Vertrauen und eurer Hingabe.

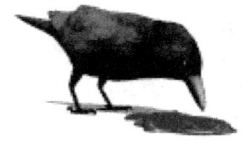

~ Feuer ~

Einzigartig, ich spüre es, als ich ihn sehe.
Wundervoll, traumhaft, Liebe,
meine Sinne sind geschärft.
Der erste Blick in seine Augen,
verloren - mein Herz.
Ich liege in seinen Armen,
Sicherheit, Geborgenheit, Vertrauen.
Will ihn festhalten, in der Unendlichkeit.
Der erste Kuss,
Feuer berührt meine Lippen.
Deine Zärtlichkeit, soviel Gefühl,
ich schwebe, bin besinnungslos.
Berührungen die mich brennen lassen,
gleiche Gedanken, innig.
Strom fließt durch meine Venen,
Ich zittere, halte ihn ganz fest.
Sternenstaub begleitet meinen Weg,
bis ich ihn traf, den hellsten Stern
am Firmament - Schicksal, Glück.
Sein Bild in meinem Kopf,
rieche den Duft seiner Haut,
auch wenn er nicht bei mir ist.

Meine Finger streicheln ihn,
ich sehe in seine Augen.
Spüre die Liebe, spüre seine Küsse,
er hält mich fest, er gibt mir Sicherheit.
Ein schönes, ein atemberaubendes Gefühl
begleitet mich durch den Tag.
Vertrauen - unendlich.
Bin glücklich, vollkommen,
bin am Ziel, Zuhause.
Er ist mein Halt, meine Liebe,
Mein Licht, mein süßer Traum.
Ich teile meine Energie mit ihm,
Für immer an seiner Seite,
bei dir.

Lass dich fallen, ich fange dich auf.
Halte dich fest, ich küsse dich.

Sehe die Welt durch seine Augen,
fühle seine Emotionen.
Trage ihn tief in meinem Herzen,
tief in meiner Seele.
Lese seine Wünsche in sein
wundervollen Auge ab.

Wir lassen uns treiben im Meer der Gefühle,
intensiv, bedingungslos, kompromisslos.
Es gibt nichts schöneres auf der Welt,
einmalig.

Verstehen ohne Worte.
Ich liebe ihn mehr als der Himmel Sterne

und als die Sonne Licht hat.
Er ist mein Stern,
die Stärke meines Seins.
Ich schließe die Augen und küsse ihn,
zärtlich und leidenschaftlich.
Eng umschlungen in der Unendlichkeit.

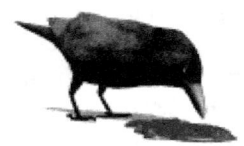

~ Blutdurst ~

Die Nacht verzehrt den Tag,
der Tod, finster und kalt, verschlingt das Leben.
Erwache aus meiner Trance,
Der Vollmond zwingt mich zu dunklem Streben.
Empor aus der Dunkelheit steige ich,
trockene Lippen, Durst, Blutdurst.

Befreie mich von der Seelenqual,
genährt von meiner Furcht.
Heute Nacht gehörst du mir,
in meinem Blick steht pure Gier,
immer wieder will ich kosten,
dein Blut, dein Lebenselixier.

Wir sind eins,
eiskalter Schmerz zerfrisst die Venen.
Ewige Verdammnis unser Schicksal,
mein Tod, verursacht durch die Flammen deiner
Sehnsucht, deinem Blutdurst.
Folge mir, begleite mich in die Unterwelt.

Meine Ketten durch dich gelöst,
ich bin der Todesengel.
Ein Blutstropfen fällt auf den Boden,
der Kelch ist leer.
Getrunken haben wir ihn zusammen,
vereint im Blut, nichts trennt uns mehr.

Nur mein Selbsthass wird mir im Wege stehen,
blinde Wut mich bald verraten.
Den Pfahl gestochen ins schwarze Herz,
in die Nacht will ich fliehen,
doch der Tag kommt bald mit Leid und Schmerz.

Weit entfernt zu Gut und Böse,
ein Rabe auf meinem Grabstein sitzt,
die Prophezeiung von Liebe und Pein.

Hab dich infiziert mit der Saat des Teufels,
die Nacht flüstert dennoch deinen Namen.
Ein Engel fällt, ich höre ihn flehen.
Kurz ist der Biss, der Kuss des Todes.
Ich spüre, dein Herz will bei mir sein,
gebannt in der Faszination der Nacht.

Dein Körper bebt bei meiner Berührung,
ein Feuer hab ich entfacht in dir.
Verbrennst dich am Feuer der Verführung,
ich lebe auf in der Ohnmacht mit dir.
Deine Lebenskraft geraubt,
du bist wie ich ein Geschöpf der Nacht.
Materie vergeht, zerfällt zu Staub.

Folge mir und spüre mich,
labe dich vom Schatten der Macht.
Erwach mit mir zu neuem Leben,
gemeinsam ziehen wir durch die Nacht.
Lass uns fliegen, schwerelos.

Mit ausgebreiteten Schwingen,
In den Untergang der Welt.
Schmecke das Blut, spüre die Gier,
nichts was dich hier noch hält.

Zwei Todesengel auf dem Weg durch die Nacht,
zu schön, zu engelsgleich für den Tag.
Erst wenn die Dämmerung zieht übers Land,
ergreife ich zärtlich deine Hand.

Muss dich kurz loslassen, du musst dich laben,
an neuem Blut, das einst wir uns gaben.
Doch unsere Seelen sind tief verbunden,
haben uns nach tausenden falscher Wege gefunden.

Jetzt stärke dich und komm zu mir,
ich fühle dich, ich bin noch hier.

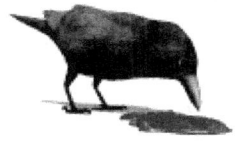

~ Mächte der Finsternis ~

Ich sehe gen Himmel,
rufe die Mächte,
Mächte die mir den Weg zu ihm wiesen.
Möchte mich bedanken,
Für das Führen auf den richtigen Pfad.

Mächte des Lichtes und der Finsternis,
zusammengeführt.
Ermöglicht unsere erste Begegnung,
tief, innig, voller Emotionen.
Er bringt die Gezeiten ins Gleichgewicht,
lässt die Sterne erstrahlen,
die mir den Weg weisen.

Erfüllt mich mit Macht und Gier,
lässt mich das Leben spüren.
Seine Liebe und sein Gefühl,
ein wohliger Schauer auf meiner Haut.

Beschützt und bewahrt,
das tiefe Gefühl für ihn.
Wo Himmel und Erde aufeinander treffen,
Sturm und Blitze mich ängstigen,

spüre ich seinen Halt,
seine Anwesenheit,
seinen Schutz.
Er hält mich fest und wärmt mich,
lässt meinen Körper beben,
meine Sinne schärfen,
stark zu sein für mich und für uns.

Mächte des Lichtes und der Finsternis
begleiten uns auf allen Wegen.
Weisen die Zukunft,
mein Blick geht gen Himmel,
spüre ihre Anwesenheit.
Fühle ihn mit allen Sinnen,
hülle ihn ein,
in mein schützend Gewand,
wärme ihn und gebe ihm Sicherheit.

Ich danke den Mächten,
ich danke ihm.
Er ist alles für mich,
das Ziel meiner Träume.
Mein Licht am Ende des Tunnels,
der schönste Stern am Nachthimmel.

Ich liebe ihn,
mehr, als es Worte gibt,
unendlich,
mit jeder Faser meiner Seele.

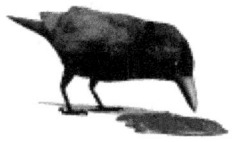

~ Seelenschmerz ~

Stehe an der Klippe,
dem Fels der Verzweiflung.
Unendlichkeit breitet sich vor mir aus,
unendliche Dunkelheit und Nebel.
Dichter Nebel, der meine Sinne schwinden lässt,
der mich einhüllt, Kälte breitet sich aus.
Meine Seele brennt,
Lodernde Flammen in meinem Herzen.
Flammen die meine Sehnsucht nach ihm heraus
schreien, die meine Seele verbrennen.

Meine Seele ist einsam,
vermisst seine Nähe und Geborgenheit.
Nur er kann das Feuer löschen,
mich halten und mir Sicherheit geben.
Ein Gefühl von Nähe,
seine Seele mit meiner verbunden.

Nur er kannst den Schmerz von mir nehmen,
der mich einhüllt und der mich betäubt.
Sieht er nicht meine stillen Tränen,
hört er nicht meine stummen Schreie?

Ich verzehre mich nach ihm,
nach seiner Umarmung, seinem Puls,
nach dem Gefühl liebevoller Berührungen,
das mich beschützt und vom Schmerz befreit.

Sehe in den Nebel, der mich umhüllt.
Verbrenne innerlich und friere,
der Schmerz ist so stark,
dass ich meine Sinne verliere.

Suche ihn, spüre er ist in der Nähe,
greife nach ihm, doch erreiche ihn nicht.
Breite die Arme am Abgrund aus,
Weiß, er fängt mich auf, wenn ich falle.

Berühre seine Seele,
der Schmerz lässt nach.

Halt mich, wach über mich,
das gleiche tue ich für dich.

Lasse mich fallen, werde von seinen starken Armen
aufgefangen.
Ein kurzer Blick in seine Augen,
wohlige Wärme breitet sich in mir aus.
Er hält mich, er beschützt mich.

Ich weiß, er ist bei mir,
er verlässt mich nicht.

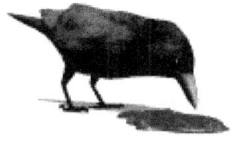

~ Der Hauch des Todes ~

Den Blick verschleiert blicke ich hinaus in die Nacht,
Tränen laufen über mein Gesicht.
Sehe ihn in weiter Ferne, will bei ihm sein,
doch ich schaffe es nicht.

Versuche zu laufen, erreiche ihn nicht.
Ich spüre seinen Herzschlag, spüre ihn nah bei mir,
Mit tränenschwangerem Blick sehe ich ihn an.

Er ist der, der mir das Leben schenkte,
mein Herz mit Liebe füllte,
mir zeigte, was Glück im Leben bedeutet.
Bin glücklich, wenn er es ist,
trauere, wenn ich ihm mein Glück nicht zeigen kann.
Will nach ihm greifen,
ihm geben von meiner Energie,
Er weicht zurück, kann ihn nicht erreichen.
Dunkelheit hüllt mich ein,
Schwächt mich, lässt mich traurig sein.
Komm zu mir, bitte!
Lass mich jetzt nicht allein,
dieser Augenblick könnte mein letzter sein.

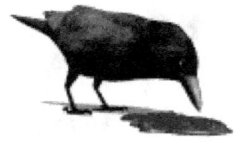

~Himmelsstürmer - Sternenhimmel~

Unterm Sternenhimmel in der Hitze der Nacht,
ist eine unstillbare Leidenschaft in mir erwacht.
Im Schutz der Dunkelheit
können wir unsere Träume leben,
uns ungesehen der Zärtlichkeit
und der Begierde hingeben.

Will ihn fühlen, will ihn überall
berühren und schmecken,
das Feuer der Begierde
von seinem Körper lecken.
Im Meer der Emotionen will
ich mich verlieren ... darin versinken,
die Glut der Leidenschaft von seinem Körper trinken.

Wenn sie steigt, meine innige Lust,
spüre ich seinen Herzschlag in meiner Brust.
Ist er bereit, meine Rose zu tränken …
will er sich mir in dieser Sternennacht schenken?

Von lodernden Flammen eingehüllt,
ist er bei mir – er, der meine Sehnsucht stillt.

Ein tiefer Blick, ein sehr sanfter Hauch …
begehrt er mich, fühlt er es auch?

Vergessen ist alles um uns herum,
wir lieben uns … ganz ohne Worte … stumm.
Mit intensiver Leidenschaft und Lust,
leg ich meine Hand auf seine Brust.

Spüre seinen Herzschlag und seine Seele,
in deren Schein ich wie im Feuer vergehe.
Wir fliegen … über den Horizont entschwinden wir
…
flüstere leise ... hab keine Angst, ich bin bei dir.

Finde mich in den tiefen Schatten der Nacht,
wenn die Dunkelheit zum Leben erwacht.
Rufe mich ... berühre mich … zeige dich,
träume mit mir und verführe mich …

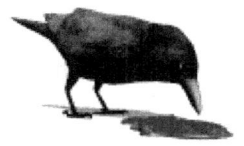

~ Dreamcatcher ~

Ich hab die Sonne geküsst und den Mond berührt,
den Himmel und die Hölle gespürt.
War verloren … hab gewonnen,
Gefühle sind unter meinen Händen zerronnen.

Sehe die Sterne in jeder Nacht,
die meine Seele zu ihm gebracht.

Fühle die Unendlichkeit der Zeit,
die mir Schönheit und Macht verleiht.

Ich weiß, er spürt mich und fühlt was ich sehe,
wenn ich vor Leidenschaft vergehe.
Ein Traum von mir Besitz ergreift,
in meiner Seele ein Wunsch darin reift.

Gefühlt, geliebt und gelebt,
die Erde unter meiner Sehnsucht erbebt.
Bin ganz ruhig, wenn der Traum mich ereilt,
wenn sein Körper an meinem verweilt.

Neigt sich der Tag dem Ende,
berühren mich sanft seine warmen Hände.
Hab keine Angst, sagt er morgens zu mir,
denn ich bin auch am Tag bei dir.

Ich vertraue und glaube seinem Wort,
auch wenn er bei Tagesanbruch ist fort.
Das Gefühl ist stärker als alle Zwänge,
denen ich bei Tageslicht nachhänge.

Alles wird gut, sagt er zu mir,
denn egal wo du bist, bin ich bei dir.
Halte es aus und halte durch,
mit der Dämmerung verfliegt deine Furcht.

Geliebt, verzaubert und gebannt,
bin ich in die Nacht hinaus gerannt.
Hab ihn gefunden auf meinem Weg,
ihn, der vor mir im hellen Lichtschein steht.

What can I say, what can I do?
Schließe meine Augen und höre dem Windhauch zu.

Er verrät mir wohin ich gehen muss,
am Ende des Pfades … sein inniger Kuss.

Umschlungen, vereint in Musik und Unendlichkeit,
beginnt ein neues Leben, eine neue Zeit.

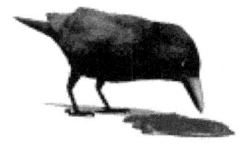

~ Liebe mich … ~

Ich spüre ihn, fühle seine Nähe …
im Hier und Jetzt, als ob es kein Morgen gäbe.
Sehne mich nach ihm … verzehre mich nach ihm,
will ihn fühlen, ihm tief in die Augen sehen.

Höre seine Schritte, weiß dass er es ist,
er, den ich so sehr habe vermisst.
Leidenschaft und Sehnsucht in mir auflodern,
erbarmungslose Erfüllung erfordern.

Darf ihn nicht berühren, muss geduldig sein,
aber seine Lust, seine Wünsche sind mein.

Er nimmt mich mit seiner ganzen Leidenschaft,
schürt meine Sehnsucht mit seiner Macht.

Will ihm gehören, ihm ganz allein,
spüre grenzenloses Vertrauen, so soll es sein.

Ein letzter Blick, der seinen Körper streift,
das Gefühl tief in mir, das meine Seele ergreift.

Er liebt mich in diesem Augenblick,
es gibt kein vor und es gibt kein Zurück.
Nur ihn und mich, in diesem Moment,
der in unseren Körpern und Seelen brennt.

„Erlöse mich", flüstere ich ihm leise zu.
Meine Leidenschaft kommt nicht zur Ruh.
Ich genieße ihn und ich fühle ihn,
immer mehr zieht es mich zu ihm hin.

Wir geben uns hin der Leidenschaft,
er berührt mich mit seiner ganzen Kraft.
Zeigt mir, was ich mir habe ersehnt,
was ich aber nie mit einem Wort hab erwähnt.

Dunkelheit … Einsamkeit … Zweisamkeit.
Im Jetzt und Hier ist unsere Zeit.
Tu mit mir, was immer du willst,
so lange du meine Sehnsucht stillst.

Bin dir ergeben, vertraue dir …
für alle Zeit und im Jetzt und Hier.
Lass ich gehen, verliere dich,
keine Kontrolle, die du behalten musst für mich.

Deine Gier, deine Hitze und deine Liebe zu mir,
fühlen sich sehr gut an – im Jetzt und im Hier.

Darf ich dich bitten um einen Gefallen,
würde ich mich jetzt sehr gern in dich krallen.

Will dich spüren, so intensiv wie es geht,
ehe dieser Moment im Morgengrauen verweht.
Dein und mein Körper, unsere Seelen sind eins,
es gibt nichts was uns aufhält, kein Hindernis, keins.

In Liebe in Ewigkeit vereint,
fühlen wir uns, fernab von Raum und Zeit.
Gib mir alles, flüstere ich leise zu ihm,
wir lassen uns fallen, geben uns hin.

In einem Rausch der Lust und der Gier,
lieben wir uns im Jetzt und Hier.
Bleib bei mir, flüstere leise zu ihm,
gib dich diesem Gefühl immer weiter hin.

Er sieht in meine Augen, tief,
während ich diese Worte lautlos rief.
Doch er hört mich und spürt meine Liebe zu sich,
er hält mich fest, denn auch er liebt mich.